날 만드는 날, 오늘

날 만드는 날, 오늘

초판 1쇄 발행 2024년 9월 30일

지은이 엘프린스킴
펴낸이 장현수
펴낸곳 메이킹북스
출판등록 제 2019-000010호

디자인 이정아
편집 이정아
교정 강인영
마케팅 김소형

주소 서울특별시 구로구 경인로 661, 핀포인트타워 912-914호
전화 02-2135-5086
팩스 02-2135-5087
이메일 making_books@naver.com
홈페이지 www.makingbooks.co.kr

ISBN 979-11-6791-609-9(03810)
값 13,000원

ⓒ 엘프린스킴 2024 Printed in Korea

잘못된 책은 구입하신 곳에서 바꾸어 드립니다.
이 책의 전부 또는 일부 내용을 재사용하려면 사전에 저작권자와 펴낸곳의 동의를 받아야 합니다.

홈페이지 바로가기

메이킹북스는 저자님의 소중한 투고 원고를 기다립니다.
출간에 대한 관심이 있으신 분은 making_books@naver.com로 보내 주세요.

목차

제1장   #꽃씨 #날 만드는 날

나의 노래 ·8 문 ·9 봄눈 ·10 막 피어난 꽃 ·11 벚꽃 길 ·12 인생 미 ·13 단비 ·14 꽃씨 ·15 행복이란 꽃 ·16 깍지 낀 사랑 ·17 어리광 ·18 미안해서 ·19 꽃밭 이야기 ·20 고마운 눈물 ·22 지친 그대에게 ·23 시가 되어 ·24 백목련 피우듯 ·26 그럴 수 있어 ·28 골든 타임 ·29 마음 밭 ·30 오늘이 ·31 날 만드는 날 ·32 아름다운 그릇 ·33 만개 ·34 내 이름으로 산다 ·35 이끄는 삶 ·36 딱 하루 ·38 꿈은 ·39 후회 ·40 값진 경험 ·41 힘내라 ·42 동행 ·43

제2장   #부탁이야 #함께 가는 길

질투 ·46 미련 ·47 저벅저벅 ·48 덧난 상처 ·49 버린 슬픔 ·50 무단횡단 금지 ·51 못난이 사과 ·52 돌 ·53 그럴 리가 ·54 시 한 편 ·55 불통 ·56 칭찬입니까 ·57 통증 ·58 화해라는 것 ·59 게으른 사람 ·60 건드림 ·61 때가 있다 ·62 마음 공해 ·64 생각 멈춤 ·65 부탁이야 ·66 너니 ·68 붉은 장미 ·70 무지개 ·71 함께 가는 길 ·72 공허 ·74 겸손 ·75 바람잡이 ·76 웃음을 빼고 나니 ·77 과욕 ·78 덜어내다 ·79 하룻빛 ·80 인생 길치 ·82 굽은 길 ·83 보물찾기 ·84

제3장 #사랑하니까 #꽃잎 떨어지는 소리

엄마야 ·88 사랑하니까 ·89 마른 꽃 ·90 열꽃 ·91 메밀꽃 필 무렵 ·92 꿈이 아니었으면 ·94 늦가을 맨드라미 ·95 새 밥 ·96 엄마 밥상 ·97 아버지의 고백 ·98 아버지 눈물 ·99 흙냄새 ·100 꽃잎 떨어지는 소리 ·101 바보 사랑 ·102 검댕이 사랑 ·103 시집가던 날 ·104 힘겨운 날에 ·105 강 같다고 ·106 감나무 곁 ·107 이름들 ·108 고목 ·110 마지막 잎새에게 ·111 노래하자 ·112 휘파람 ·114 나그네 ·115 진심 ·116 두려운 까닭 ·117 잠시 겨울 ·118 한 뼘 인생 ·119 느닷없이 ·120 잠 ·121

제4장 #가랑비 옷 젖듯 #역전

겨울 햇살 ·124 커피 한 잔 ·125 별것 ·126 가족은 ·127 가랑비 옷 젖듯 ·128 평범한 부부 ·129 당신 생일 ·130 멋진 너 ·131 꽃들에게 ·132 그대 그림 ·133 여전히 처음이라서 ·134 외마디 기도 ·135 떨어진 잎사귀 ·136 홀로 여행 ·137 날씨에게 ·138 이런 사람은 ·139 생각이 바뀌면 ·140 잔소리 141 우리 선생님 ·142 역전 ·143 구유 ·144 어느 장님의 고백 ·146 등불 ·147 고집 ·148 청춘 고백 ·149 글 그림 ·150 참 고마운 당신 ·151 석양 ·152 꽃이 질 때 ·153 흰 눈 ·154 겨울은 ·155 소안도에 핀 꽃 ·156

제1장

#꽃씨

#날 만드는 날

나의 노래

흔들리는 마음 판
꽉 잡고
쭉 그은 오선
그 위 한 음 한 음

올려도 보고
내려도 보고
늘어놓거나
다시 주워 담거나

영 어색해도
나의 삶
나의 시
넘어질 듯 되살아난 곡조라

빼어난 곡은 아닐지라도 흥얼흥얼, 좋다

문

사방이
벽일 때

꽃 한 송이
건네준 당신은

내게
문이 되었습니다

봄눈

사방 천지
뿌려진 씨앗들

꼬물
꼬물

촉촉해진 땅
비집고 나오겠네

봄눈 녹으면
봄이 눈을 뜬다

막 피어난 꽃

봄이라고
막 피어난 꽃

순식간
덮친 추위에

덜덜
떠는 모습

갓 취업한
사회 초년생 같구나

벚꽃길

이쁘다
이쁘다
참 이쁘다 했더니

연분홍 꽃잎
마구 흔들어
화관을 씌우고

어깨 위
발길 닿는 곳곳
소복소복

뽀얀 세상
나더러 꽃길 한번 걸어보란다

인생 미

저마다
주어진 날에

하나뿐인
무늬와 색을 새기다

단비

후득
후득 비 오는 날

내가 든
우산 치켜들고

쑤욱 내민
그대 얼굴

콩닥
콩닥, 가슴 떨리는 단비다

꽃씨

그대라는
꽃씨를 만나

풀밭이 아닌
꽃밭이 되었습니다

행복이란 꽃

가난 속
고통 속
광야 같은 곳

원망할 수도
불평할 수도
놓아버릴 수도 있었을 텐데

누가
행복이란
꽃을 피웠을까

이런 곳에

깍지 낀 사랑

삐걱삐걱
부대끼며 더불어 사는 삶

꼭 필요한
연결 고리는 사랑이라

받으면 감사하고
베풀면 더욱 행복한

희생으로 깍지 낀 사랑이랄까

어리광

비단 아이들에게만 필요한 것은 아니다

어리광, 부릴 수밖에 없는 상황
받아 줄 사람 곁에 있다는 것

몸이든
마음이든 아파 본 사람은 안다

어릴 적
그 푸근함 절로 그리운

험난한 세상 몸살이라도
앓을 때 이 얼마나 고맙고 행복한 일인가

미안해서

무언가 성공했을 때
당신이 있어 가능했다고 말해 주는 사람

고난 가운데
동행해 주어 고맙다며 손잡아 주는 사람

불안이 마음을 괴롭힐 때
내가 있으니 걱정하지 마라 꼭 안아주는 사람

몸 아파 누웠을 때
오래오래 살자며 살갑게 구는 사람

미안해서
고마워서 그대를 더 좋아하기로 하였습니다

꽃밭 이야기

순수한 땅 그 속엔
지렁이와 불개미들 가득
그보다 어젯밤
들고양이 애정 싸움에
여기저기 짓밟혀 엉망이 됐다
둘은 어떻게 화해를 했는지

며칠 넋 놓고
한참을 돌아다니던
정신 나간 과부
오늘은 철퍼덕 앉아
꺾어진 꽃
물끄러미 쳐다보네

흰 꽃은 흰 꽃대로

노란 꽃은 노란 꽃대로

붉은빛 푸른빛 보랏빛

지금 생각해 보니

하나하나 다 의미가 있다

그래서일까, 꽃이 그렇게 다양한 이유

고마운 눈물

눈물 나는 게
고마워요

얼어버린 마음
녹여 줄 수 있는

따뜻한 눈물이
고마워요

지친 그대에게

사랑하는 그대여

괜찮다고 무작정
괜찮다고만 하지 말아요

꽃들도 힘겨울 땐
고개를 떨군 채 운답니다

시가 되어

엎친 데 덮친
겹 풍파 앞에
굳게 서야 한다
더 굳게 서야 한다고
다짐하는 네게

나는 시가 되기로 했다

새우잠을 자고도
살 만하다
아직은
살 만하다고
멋쩍게 웃어주는 네게

나는 시가 되기로 했다

고난 없는 삶이
어디 있냐고
꿈이 있다
포기할 수 없는 꿈이 있다
말하는 네게

나는 시가 되기로 했다

백목련 피우듯

누굴 탓하기보다
자신 먼저 돌아보는 사람

단점을 서둘러 말하기보다
장점을 찾아 칭찬해 주는 사람

거짓말로 모면하기보다
정직으로 맞서는 사람

호되게 혼내려는 것보다
포용하려는 사람

원수를 꼭 갚겠다는 것보다
한 번 더 이해하려는 사람

어두운 세상 은은한 빛

백목련 활짝 피우듯 사는 사람들이다

그럴 수 있어

작은 실수가
큰일이 되어 버렸을 때

위축된 나에게
해 줄 수 있는 말

괜찮아
괜찮아, 그럴 수 있어

골든 타임

떨다 못해 풀려 버린
초라한 손

무너지는 것도
일어서는 것도

그다지
오래 걸리지 않는 시간

부끄럽지 않게
덥석 잡아 준 당신의 손길

고마워요

마음 밭

화를 품으면 불화요
한을 품으면 원수요

용서를 품으면 화목이요
인내를 품으면 사랑이요

가시를 품으면 가시밭이요
씨앗을 품으면 열매 밭이라

오늘이

오늘 모질게 힘들었어도
오늘 눈물겹도록 슬펐어도
오늘 외로워 정처 없이 걸었어도
오늘 아파 병들었어도

오늘 생일이라 기쁘고
오늘 여행처럼 즐겁고
오늘 기다리던 기별에 행복하고
오늘 왠지 뿌듯하고

하루도 똑같지 않은 날들
그런 오늘이 날 만드는 날이랍니다

날 만드는 날

여러 날이 왔다가
여러 날이 갑니다

다 똑같아 보여도
다 다른 날이지요

날 만드는 날, 오늘
내게 허락된 유한한 시간

하나뿐인 삶
더욱 빛내 줄 소중한 날입니다

아름다운 그릇

으깨어지고
깎여지기를 얼마나 했을까

견디지 못할
뜨거운 가마 속
그건 또
어떻게 버티었고

거치고
거치고
또 거치고
끝나지 않을 것 같은 매 순간들

아!
꿋꿋한 네 모습

누가 봐도 참 아름답다 하겠구나

만개

질까 두려워
피지 못하는

꽃이라면
얼마나 슬플까

만개한 꽃은
후회함이 없다

내 이름으로 산다

들에 핀 작은 꽃들도
다 이름이 있다더라

내가 모를 뿐이지
이름 없는 꽃으로 사는 건 아니다

세상이 모른 척한다 하여
이름이 사라지는 건 아니더라

내 이름으로
알맞게 살아가면 행복할 일이다

이끄는 삶

세상에 적응하느라
끌려가는 삶을
살아도
되는 줄 알았다

끌려가는 삶이란
기쁨도 즐거움도
어떠한 기대와 소망도
살아 있지 않다

끌려가는 삶이
아닌 이끄는 삶을
살아가는 이에게
응원의 박수를 보낸다

포기하지 않는 열정과

숨은 노력을 알기에

기쁨도 즐거움도

기대와 소망도

살아 있음을 알기에

딱 하루

늘상
주어지는 건 아닌데

오늘은 매일매일
반복되는 거라고

맘대로
착각하며 살았어요

바보처럼
많은 세월을

딱 하루만 오늘입니다

꿈은

학식이 높건 낮건
가난하거나 부자거나
어리든 늙든
남자 여자
상관없이
사람이라면 누구나
꿈을 품고
살아갈 수 있다는 것
참 행복한 일이다

꿈을 품었다고
다 이루어지는 것은 아니지만

모를 일이 깨어진 만큼 커 간다, 꿈은

후회

밉다 밉다 하면
미운 짓만 골라 하고

예쁘다 예쁘다 하면
미운 짓도 예쁘다던데

왜 나를
밉다 밉다 했을까

값진 경험

거저 얻어지는 게 있을까

실패한 깊이만큼
채워진 눈물
한 번 더 도전하는 건
살기 위한
방편이었으리라

잘 산다는 건
경험을 헛되게 하지 않는 것

힘내라

힘내라
힘내라

때론
불편하게 들릴지라도

힘내라고
말해 주는 사람

옆에 있다는 건
참 고마운 일입니다

그 마음을 알고 있으니까요

동행

증오하지 않아도
멸시하지 않아도
괴롭히지 않아도

산다는 건 힘든 거야

웃어넘길 수 있게
좀 격려하며 살자
더 응원하며 살자

산다는 건 다 힘드니까

제2장

#부탁이야
#함께 가는 길

질투

네가
찾아온 날부터

내 속엔
거친 돌 하나

굴러가는 것 같다

미련

피식
웃고 말아야지

저벅저벅

비인지
눈물인지

방향을 잃은 건지
상관이 없는 건지

모진 빗줄기
멈춰 줬으면

무겁게
젖어 든 발걸음

그만 돌아서게

덧난 상처

아차
싶었지만

다시
벌겋게 달아올랐다

괜찮은
줄 알았는데

버린 슬픔

떨구어 버린
슬픔이라 생각했다

불쑥
다시 보니
여전히
울렁대는 가슴

언제쯤
덤덤해지려나
아무것도
아닌 것처럼

버려진
슬픔으로부터 그만 자유롭고 싶다

무단횡단 금지

차도엔
횡단보도가 있습니다

규칙이 있다는 건
서로를 보호하기 위함이지요

마음에도
횡단보도가 있습니다

잘 보이지는 않지만
그렇다고 함부로 들어서는 무단횡단

큰 사고로 이어질 수 있으니, 꼭 주의하세요

못난이 사과

살다 보면
삐뚤어지기도 하고

흉도 지고
그런 것이지

온전하기가
어디 쉬운 일인가

속만
괜찮으면 됐지 뭐

돌

그까짓 돌이라고
얕보지 마라

분풀이로 차 봤자
네 발이 더 아플 테고
낯선 곳에 떨어지더라도
그만큼 삶의 터전
넓혀 가면 될 일이다
차여 봐서 안다
부서져 봐서 안다

호락호락
쉽게 끝날 인생 아니라는 것을

그럴 리가

나만
힘들고

다
괜찮아 보인다

그럴 리
없다는데

시 한 편

봄 여름 가을 겨울
여름 가을 겨울 봄

가을 겨울 봄 여름
겨울 봄 여름 가을

인생은
회전하는 사계

생사고락 간
농익은 시 한 편 짓는 일

불통

허물어야 할 담
높이 쌓아 놓고

그러는 거 아니다
그러는 거 아니다

배배
꼬인 말투

어떻게 하면 좋을는지

칭찬입니까

단물이라도
상처에 닿으면 따갑다

칭찬이라고
다 칭찬이 되는 건 아니다

옷에 박혀
부러진 가시

온몸을 괴롭히듯
칭찬답지 못한 칭찬이 그렇다

통증

먼 세월
지나도록 따끔거리던 무엇

사랑받지 못해서
사랑하지 못해서

상처가 되어 버린 것들의 반항
무질서하게 묵혀 두었던 생각들

그 솔직함이 시가 될 때
비틀어졌던 가슴은 펴지기도 한다

화해라는 것

버스로도
택시로도

그렇다고
걸어갈 수도 없고

딱 한 걸음인데
머리에서 가슴까지

용기로 한 발짝 내어 딛고
사랑으로 한 발짝 모으면 되는 일을

게으른 사람

거듭
거듭 맞는 새해

겨울 가고
봄은 와도

작심하고
자는 척하는 사람을

누가 깨울 수 있나요
어떻게 깨울 수 있나요

건드림

툭 치고 싶다
멍하니 있는 삶을

그래서 스스로에게
돌을 던져 보기로 했다

때가 있다

겨우내 묵었던 땅
파 보면 안다
포슬포슬
씨앗 심기에 딱 좋은

하지만
하루 이틀 사흘 나흘
게으름 피우다
때를 놓치면
쉬이 굳어버려
척박한 땅이 되고 만다

때를 무시하며 사는 것
자칫 용감해 보일 수 있으나 더는 실수하지 말자

때를 무시하며 사는 것
자칫 자유로워 보일 수 있으나 더는 게으르지 말자

마음 공해

걱정 근심
불안 초조

희망을
거부하는 생각들

안돼
못해

희망을
거부하는 언어들

병들기 전 벗어나자
마음을 허약하게 만드는 공해로부터

생각 멈춤

생각이
자신을 위협할 때

거기서
과감히 멈추세요

아무 일도
일어나지 않습니다

부탁이야

헛웃음도 웃음이라고
종일 그렇게 보낸 날이야

한 걸음만 다가와 줄래
네 어깨에 기대어 볼게

근심에 짓눌려 두 무릎 꺾일 때
누군가 지팡이가 되어 준다면

한 걸음만 다가와 줄래
네 어깨에 기대어 볼게

어두운 밤거리 별 하나
고독한 마음 휘저으면 어디로 가지

한 걸음만 다가와 줄래
네 어깨에 기대어 볼게

부탁이야, 그런 널 영영 잊지 않을게

너니

날 반겨주던
세상은 어디로 간 걸까

따뜻했어
달콤했어
네 시선과 말들
그게 다 어디로 간 걸까

산산이 깨진 꿈
찬 바람 불어
외면당한 채
아픈 속은 고통뿐
넋 놓고 울부짖어 보는
내겐 무엇이 남은 걸까

없네 없어
아무도 아무것도
아,
종탑에 달린 십자가
스스로 떠나온 자리

마주치고 싶지 않았어
기억해 줄까 등 돌린 나를

붉은 장미

가시 없는 꽃을 장미라고 부를 수 있나요

따가운 가시를
사방으로 품었으니 상처투성이

때로는 미워 죽겠고
때로는 원망스럽고
때로는 후회도 했다가
때로는 깨달아져

따끔따끔 회초리 같은
가시에 붉은 꽃잎 하나둘 피어나

가시 없는 꽃을 장미라고 부를 수 있나요

무지개

네 아픔이
내 아픔 같아

눈물로
기도할 때

무섭던
소낙비

뚝 그치고
연이은 눈물방울

맑은 하늘빛 무지개 되었네

함께 가는 길

입만 열면 힘들다 힘들다
오르막길 헉헉댈 때

끌어주는 사람
밀어주는 사람
나도 그랬다고
말 한마디
따뜻한 손길
홀로 오른 것 아니다

철없는 반 세월 보내 봤으니
내리막길은 좀 쉬우리라 했건만

엎어질까
미끄러질까
조심조심
엉거주춤
홀로 가기 너무 가파른 길
날 꼭 잡아주시오

공허

서툰 삶이
그댈 속이는 것보다

서툰 욕심이
그댈 속아 넘긴다

공허가 찾아오면
기어이 채우려 말고

그냥 두어라
뒤를 돌아볼 시간이다

겸손

절망하지 마라
항상 실패만 하는 건 아니더라

잘난 체하지 마라
항상 성공만 하는 것도 아니더라

늘 겸손하거라
실패도 성공도 함께하는 걸 보면

둘 다 필요한 거더라

바람잡이

잠시
고였다 가는 것에

너무
마음 뺏기지 마라

바람이
고인다 한들 얼마나 머무를까

웃음을 빼고 나니

사랑이라는 게
행복이라는 게

웃음을 빼고 나니
헐떡이게 무겁더라

어깨를 누르고
가슴을 조이고

찬바람 앞에 답답한 마음
풀어 놓으니 얼굴이 다 얼었다

과욕

아무리
좋은 음식 먹었다 할지라도

생겨나는
찌꺼기들

제발
그것까지 욕심부리지는 말자

덜어내다

인생의 무게를
차곡차곡
지우기만 하지 말고
조금씩 덜어 보면 어떨까

지금까지
살기 위해 버티었다면
이제는
살기 위해 덜어내어 보자

하룻빛

유난히 지치고
힘든 날
무거운 어깰 감싸는
따사로운 빛
마치, 생명줄 같다

추위에 떠는
한 송이 꽃 어루만지듯
세상 한파에 놀라
몹시 당황하는 마음을
토닥토닥 토닥토닥

종일 수고로운
아침 해는
그렇게 서산에 머물고
하룻빛은
발갛게 익어 노을이 된다

인생 길치

모양도 길이도 깊이도 다 다른 길

혼자인 듯 함께인 듯
함께인 듯 혼자인 듯
설렘 반 두려움 반
매일이 초행길
엎어지기도 깨지기도 수십 번
인생 길치라 늘 헤매고 다니지만

오직 내 길이여
어설퍼도 꾸준히 주어진 하루를 밟는다

굽은 길

나이를 먹어도 종종 길을 잃는다

마음 꺾이고 낙담할 일이
어디 한정되었으랴
앞서간다고 하여
최고가 되는 것도 아닐 테고

굽은 길 거칠 때마다
부서지고 다듬어지는 것
주어진 인생 마치기 전
뚝 끊어지지나 말자

멀리서 보면
굽은 길처럼 아름다운 풍경도 없다

보물찾기

무작정 찾아
나서고 싶을 때가 있었다

누가 숨겨 놓은
보물이라도 있는 것처럼
먼 앞날 뜬구름 잡듯
보물을 봐야
알아보지도 못하는 사람이

바로 눈앞에
있는 보물은 놓치기 일쑤
가치를 잘 몰랐으니까
보물이라는 것은
무작정 찾아 나설 게 아니다

그것을 알아보는 눈이 있어야지

제3장

#사랑하니까
#꽃잎 떨어지는 소리

엄마야

깜짝 놀랐을 때
너무 아플 때
크게 울고 싶을 때
엄청 그리울 때

엄마야!
어디서나 부르게 되는 이름

사랑하니까

두 눈
부릅뜨고
샅샅이
숨은 그림 찾듯
하지 않아도

표정 하나
말투 하나
차림새 하나
작은 것 하나에도
숨겨 놓은 네 마음이 보이네

내가 너를 많이 사랑하나 봐

마른 꽃

세상 모질다
모질다 하여도
고스란히
내어주는 끝향

바래져 가는
색만큼이나
그 사랑은 더 깊어
떠나지 않을
제 가슴속에 묻지

참 고상하게 늙었다

열꽃

가랑잎 하나
지는 게
뭐 울 일이냐고

가을
탓도 해보지만

볼 수 없는
그리움
너무 과했던지

울긋불긋
온몸에 열꽃이 피었다

메밀꽃 필 무렵

사르락 사르락
갈바람 몰이
하얀 꽃들 피어나겠구나
따가운 햇볕 아래
실하게 익어 가던 곡식들

엎치락뒤치락
유년 시절 고향 생각

동에 번쩍
서에 번쩍
동동동 일손 모자라
나부끼는 바람 덕에
굽은 허리 한번 펴 보고

넘실넘실
그 모습 그리워 너울지네

갈바람 몰이
머지않아 하얀 꽃들 피어나겠구나

꿈이 아니었으면

꼿꼿한 허리
지팡이도 없이 한산한 꽃길을 걷는다

동생도 언니들도
주거니 받거니 정겨운 수다

엄마가 젊다
엄마가 참 이쁘다

꿈이 아니었으면
꿈이 아니었으면

아니다, 좀 아쉬운들 어떠리
이렇게라도 자주 만날 수 있다면 좋겠다

늦가을 맨드라미

아빠의 손길
엄마의 미소

한 계절
넘치도록 화려했을 청춘들

곱디곱던
그 빛깔은 어디에

몸을 비틀어 가며
씨 맺느라 애쓰는 걸 보니 눈물겹다

새 밥

솥뚜껑 열면
몽실구름
온 얼굴 덮고
슬그머니 눈 떠보면
반질반질 갓 지은
밥 냄새

오물오물
자식들 입만 봐도 좋은 건지
따끈따끈한 새 밥

울 엄마, 유일한 사랑 표현법이지

엄마 밥상

밥 밥
맨날 밥

지겹다고
투덜투덜

철부지
철부지 세상 철부지

고마운 줄도 모르고
그 덕에 살아온 것을

아버지의 고백

걸음이 더디다며
어린 아들을 늘 재촉하던 아버지

그대로일 것 같은 청춘도
아들에게 내어 주고

앞서가는 아들
따라가기 힘든 발걸음

늙은 아버지 뒤돌아보며
멈춰 선 아들에게

아들아
기다려 주지 못했어, 미안하구나

아버지 눈물

열두 살 막내딸
두고 가는 것이 제일로 마음 아파
그날엔 별들이 다 쏟아져 버렸습니다

깊은 어둠
녹여 내리는 굵은 빗줄기
온 사방 내리치며
엉엉 울부짖는 소리
남겨진 가슴들
눈물은 눈물로 엉키고 엉켜

아버지!
지금도 빗방울에는 아버지 향기가 납니다
막내딸도 이제 오십이 넘었고요

흙냄새

쓱
쓱
경쾌한
싸리나무 비질 소리

흙 마당
울 아버지
그림 그리신다

후득
후득
빗방울이라도 떨구면

톡
톡
튀어 오르는
아주, 그리운 아버지 냄새

꽃잎 떨어지는 소리

꽃잎 떨어지는 소릴 들어 봤니

고생하는 자식
기죽지 말라고

제 몸
부서지는 것쯤이야

뭔 대수냐고
한 잎 한 잎

꽃잎 떨어지는 소릴 들어 봤니

바보 사랑

마음만 있으면
없는 시간도 생겨나기 마련이거늘

없다 없다
시간이 없다 했다

알량한 사랑
식은 줄도 모르고

한가로운 가을날
가슴이 허해 뒤돌아보니

울 엄마
멀리서 손 흔들던 옛 모습만 아련하네

검댕이 사랑

채 마르지 않아

뿜어져
나오는
고약한 연기

기어코
눈물을
빼고 말지

숯이 아닌 검댕이는
겉만 거멓게 그을릴 뿐

시집가던 날

큰 언니들만 가는 줄 알았던
나 시집가던 날

내 생각해서 잘해라
니는 잘 할 끼다
시어머니 잘 모셔라
홀로된 울 엄마 당부
과부가 과부 심정 헤아려 주는 걸까

스물 중반
남몰래 많이 울었지
내 생각해서 잘해라
니는 잘 할 끼다
엄마 말씀 생각나
참고 또 참고

우리 딸 시집갈 때 나는 무슨 말을 해 줄까

힘겨운 날에

힘겨운 어제
힘겨운 오늘
이렇게 견디다 보면
분명 힘이
넘치는 내일이 오고야 말지

날 괴롭히던 초등 짝
그 남자애를
혼내주던 엄마
오늘은
엄마가 있어 줘야 하는데

개울처럼
흐르던 그리움이 범람하는 날이다

강 같다고

물 흐르듯 흘렀을 뿐이라 하더라도

그냥 지나칠 리
없을 격한 풍랑
날밤 새워 한번 울고
두 눈 부릅뜬 채
굳게 고쳐먹었을 결심

묵직한 세월 속
깊게 파인 바닥
그 모습 볼 때마다
아직도 가슴 위
메마른 손 얹어 투닥투닥

그제야, 멋쩍게 웃으며 인생은 강 같다고

감나무 곁

홀로 남아
익을 대로 익어 버린 감

감나무 곁 무덤가
고되고 힘들 때마다
남편과의 대화는
얼마나 위로가 되었을까

장갑처럼 두툼해진 살갗
시린 것이 뭔 상관이냐고
그와 함께 남긴
자식들만 바라봤으리라

긴 세월 그렇게 보내더니
어색하지 않게 부부가 나란히 누웠네

이름들

뒤안길
장독대를 휘두른 앵두나무
그 아래 매화 참나리 돼지감자
담벼락에 기댄 아버지 지게
땅따먹기 하던 앞마당
소소하게 핀 채송화 맨드라미
멍석 깔고 먹는 저녁 밥상
위로 별들이 빛나던 밤
작은 동산에 올라 소꿉놀이하던 친구들

조용하다
마음은 시끄러운데

가을 하늘이 참 깊다
곡식들은 막바지 익어 가고

가끔은 몹시 그리워
생각나는 이름들을 차례차례 불러 본다

고목

봄이 오면
꽃은 피는 거라

매년 당연하게
그런 줄만 알았지

그냥
힘없이 부스러지고 마네

마지막 잎새에게

다 늙은
어미 젖가슴

꼭 물고
있는 것 같구나

갈 때를 알고 가는 것이
아름답다고는 하나

버틸 만하면 그냥 있어라
네게도 무슨 사연이 있겠지

노래하자

노래하자
노래하자

목구멍에 걸린
아픔은 슬픔의 노래로
숨 막힌 하루
한숨일랑 기쁨의 노래로

탁 터트려 보자
목청껏 소릴 높여

노래하자
노래하자

희로애락

삶을 짓는 노래

걸림돌에 걸려 넘어졌을지라도

멈추지 말자

다시 일어서면

어느 것 하나 버릴 것 없으니 말이다

휘파람

박박 긁힌 마음 달래 볼까
중턱 산허리 걸터앉아
휘이 휘이 휘파람 소리

장밋빛 인생이 어디 있다고
사랑 하나 꿈 하나 이기면 됐다

나그네

꽃도
제 차례를 알고
구름도
쉬엄쉬엄 가거늘

잠깐 머물다
가는 세상
그렇게
앞다퉈 갈 게 무어냐

꽃 따라 구름 따라 한번 가 보자

진심

마음이 내는 소리에
마음을 닫지 말아요

마음을 잃어버린다면
웃어도 웃는 게 아니죠

두려운 까닭

제 몸을
떠나지 않는 그림자처럼

당신 곁
절대 떠나지 않겠노라

당당히 소리쳤지만
갈수록 두려워지는 건

당신을 덜 사랑해서가 아니라
지나온 세월 더 사랑하게 된 까닭입니다

잠시 겨울

어려움이 닥쳤다고
인생 다 산 것처럼 단정 짓지 마라

크고 작은 일들이야
누구에게나 오는 거니까

잠시 겨울
계절이 바뀌었을 뿐이라고

좀 더 성숙한 날 만들고 있다 믿어 주자

한 뼘 인생

수십 년이라
인생, 제법 길 줄 알았다

십 년이 한 뼘 같으니
열 뼘도 채 못 되는 것을

과한 욕심에 속지 말고
서럽다 무너지지 말고

나름 값지도록
사라져도 빛날 한 뼘을 살아 보자

느닷없이

마지막처럼 살자

사실
모를 일이지 않나

오늘일지
내일일지

전혀 생각지 못한 날
느닷없이 마지막은 오니까

잠

아무것도 알 수 없는 시간
아무것도 할 수 없는 시간

안식을 누리지만
우리는 매일 죽음을 맛보며 산다

제4장

#가랑비 옷 젖듯
#역전

겨울 햇살

꽁꽁 싸맨
추월 가르고

직선으로 스민
햇살 같은 사랑

당신 없는 세상은
햇살 없는 겨울입니다

커피 한 잔

향 좋은
커피 한 잔에

발그레
네 얼굴이 미소를 띤다

좋다
참 좋다

별것

혼자 있고 싶어도
혼자 있는 시간이
길어지면 슬퍼집니다

기대어 산다는 건
별것 아닌 삶이
별것으로 가는 길목입니다

가족은

가볍지 않은
멍에를
함께
지고 가는 것

희로애락
흔적들
서로
서로에게 남기는 것

가랑비 옷 젖듯

전혀 변하지
않을 것 같음에도

가랑비 옷 젖듯
서서히 스며들어

반반
닮아 가는 것

부부가 그런 것 같아요

평범한 부부

오랜 세월 함께했다고
한마음이 되는 것도 아니고요

불편한 소릴 내어 가며
인정이라는 것을 배우게 되죠

평탄해 보여도
삶이라는 게 어디 그런가요

한 가족으로
행복을 꿈꾸며 앞으로 가는 길

평범하기 위해 무던히 애를 쓰는 거지요

당신 생일

보글보글 미역국
조물조물 반찬 몇 가지

당신이
가장 좋아하는 잡채에선

알록달록
반지르르 윤이 납니다

마치 날 위해
태어나 준 것 같아 행복한 날입니다

멋진 너

한마디 말조차 하기 힘들 때
묵묵히 곁을 지켜 주던 너

볼수록 아픈 상처
호호 불어 가며 붕대를 감싸주던 너

작은 것일지라도
별처럼 반짝인다고 응원해 주던 너

꿈이 참 귀하다며
진실한 마음으로 기도해 주겠다던 너

꽃들에게

네가
이쁜데

내가
왜 좋은 걸까

날 보고 계속
웃는 걸 보니

설마
너도 나를

그대 그림

그대 향기
머문 곳마다

그대 흔적
곱게 물들여

마음 우체통에
넣어둡니다

언제든, 꺼내어 볼 수 있게

여전히 처음이라서

간절히 오늘을
기다린 사람도
제발 오늘만
지나가라는 사람도
마음은 매한가지

불쑥불쑥
예기치 못한 일들
세월 가면
좀 괜찮아지려나 했더니
겁만 더 늘었다

그래서일까
작은 꽃 하나에도 자꾸만 눈길이 간다

외마디 기도

도무지
칠흑 속이라

할 수 있는 거라고는
한숨뿐

천 마디
같은 외마디

주여

떨어진 잎사귀

멀리서 보니
멋스럽더라

그래서 넌
그런 줄만 알았지

맞대어 얼굴을 보니
상처가 참 많구나

너도 나처럼
여러 날

눈물을 삼켰나 보다

홀로 여행

혼자서 하는 여행, 나는 싫다

홀로
서기 위해

굳이 필요하다면
며칠이면 족하리

혼자 남는
날 마주하게 될 때

그날을 잘 견디기 위해서라도
더 함께하자 간곡히 부탁 좀 해 둬야겠다

날씨에게

호통을 칩니다

덥다
춥다
또 비 온다
눈 온다
바람 분다
흐리다
찌뿌둥하다

아무리
변덕스럽다 한들 사람만 할까요

이런 사람은

잔칫집에서는 흐느껴 울고
초상집에서는 크게 웃는 사람

해야 할 말은 하지 못하고
해서는 안 될 말만 늘어놓는 사람

때를 무시하고 막 사는 사람
어리석음을 자랑삼아 사는 사람

우리, 이런 사람은 되지 말아요

생각이 바뀌면

생각이 바뀌면
마음이 바뀌고

마음이 바뀌면
언어가 바뀌고

언어가 바뀌면
행동이 바뀐다

잔소리

아무에게나 하지 않는다

거슬리는
소리일지라도

마음을
잘 다스려 보약으로 써 보자

우리 선생님

가난했던 학창 시절
당신으로부터 장래 꿈을 꾸었습니다

서럽던 눈물 닦아 주시고
바른길 가라며 회초리도 드셨습니다

꿈이 없으면 다 망하는 거라고
그 말씀이 늘 제 가슴을 두드렸습니다

수년이 흘러도 잊히지 않는 구구단처럼
생각나는 분, 우리 선생님이 아주 그립습니다

역전

실패했다고
너무 상심하지 마라

아직 끝이 아니다
생각하면

네게 역전할 기회니까

구유

발버둥 쳐 봐야
세상 한 번 제대로 볼 수 있을까
비천한 곳
마구간 말 밥통
오직 짐승을 위한 도구일 뿐

수고했다
잘했다
따뜻한 눈길 말 한마디
기대할 수 없는
바닥 같은 삶 속에

아!
불현듯 찾아온 손님이라니
마리아 요셉 그리고
막 태어난 아기 예수
마른 지푸라기만 얹어
한없이 누추한 나를 올려 드렸네

그 순간

내 안에 들어오신 생명의 빛 예수 그리스도

어느 장님의 고백

가시가 많다는 거군요
붉은 꽃이 피고

아!
생각나는 사람이 있습니다

가시관 쓰신 분
붉은 피로 물든 십자가 예수

죄인을 구원하기 위해
그렇게 죽으셨다고

가시 돋친 줄기에 붉은 꽃이라
그분의 향기가 나겠군요

등불

등불을 밝혀라

밤이 오면
마음에도 도둑이 든다

불안 염려
의심 분노 좌절 우울

야금야금
소중한 내 것을 빼앗아 간다

어두운 밤 오기 전 등불 밝혀
마음에 든 도둑을 내어 쫓으라

고집

초등학교 1학년
생활통지표 통신란에 적힌
한 줄

고집이 셈

그 고집
덕분에 오뚜기처럼 살았다

청춘 고백

한 발 물러서는
네게 한 발 다가서며

알 수 없는 앞날
마음껏 내달렸지

푸른 꿈 들먹이며
함께 꽃 피우자고

좋은 꿈이라도
꾸듯

아, 다시 오지 않을 그날이여

글 그림

쫙 펼친
생각 종이에

살아가는 오감을
구겨진 듯 펴진 듯

생생한 무늬로
얕은 듯 깊은 듯

울기도 했다가
웃기도 했다가

참 고마운 당신

겉모습에 너무 놀라지 말아요

시간이
가는 줄도 모르고

힘껏
살아온 증거니까요

아들로서
아버지로서

철부지 아내
남편으로서 고생 많았어요, 당신

석양

홍조 띤 석양을 보니
종일 경직되었던 마음
그제야 풀어져
아무리 봐도 눈부심 하나 없이
퍼져 가는 아름다움에

빛바랜 가슴일지라도
맑은 눈물방울 으깨어 꿈을 꾸리라

꽃이 질 때

꽃이 지는 듯 보여도
아주, 지는 꽃이 있더냐

필 땐 다 같이 웃고
질 땐 남몰래 울어도

괜찮다
인생에 어디 정답이 있더냐

떨어지는 꽃을 보며
죽을 것처럼 아파하진 말아 다오

흰 눈

흰 눈 내린다

낙엽을
이불 삼아
선잠 든 들풀

푹 좀 자라고
솜이불 덮어 주듯
따뜻하게 하늘 눈이 내린다

겨울은

얼음꽃 핀 찬 서리에도
칼날 같은 매서운 바람에도

곧 다가올
희망을 꿈꾸는 것

겨울은
초록을 꿈꾸는 계절입니다

소안도에 핀 꽃

내 조국 애절한 사랑 하나로
깊은 고통 속 삶을 마다하지 않았으리라

만남도 뜻있으니 믿음도 큰데
마음속에 맺은 정을 풀기도 전에
이별로 애를 끓어 이 웬일인가
눈물이 앞을 가려 말 못하겠네
소안의 뭉게뭉게 피는 꽃송이
한 말씀 드리오니 새겨두시오

입 밖에 함부로 내지 못했던 노래
죽음을 앞두고서야 불러 보는 이별가

붉은 파도를 타고
부서지고 또 부서져
어찌 넘었는고
어찌 넘었는고
잔잔한 물빛 고요한 바다

풍성한 양식으로 가득 메운
물 밭 사이로 여전히
들리는 승리의 함성
집집마다 치켜세운 태극기
힘껏 흔드는 소안도 바람

한 사람 한 사람 외치던 희망의 숨결이어라

이시완 작사 작곡 〈이별가〉 일부 수록(2연)
항일운동이 있었던 소안도를 다녀와서…